BEI GRIN MACHT SICH
WISSEN BEZAHLT

- Wir veröffentlichen Ihre Hausarbeit,
  Bachelor- und Masterarbeit

- Ihr eigenes eBook und Buch -
  weltweit in allen wichtigen Shops

- Verdienen Sie an jedem Verkauf

Jetzt bei www.GRIN.com hochladen
und kostenlos publizieren

Daniel Simmank

IT Governance: Wissensschwerpunkte und Methoden der Wissensvermittlung an Führungskräfte

GRIN Verlag

Bibliografische Information der Deutschen Nationalbibliothek:

Die Deutsche Bibliothek verzeichnet diese Publikation in der Deutschen National-
bibliografie; detaillierte bibliografische Daten sind im Internet über http://dnb.d-
nb.de/ abrufbar.

Impressum:

Copyright © 2013 GRIN Verlag GmbH
Druck und Bindung: Books on Demand GmbH, Norderstedt Germany
ISBN: 978-3-656-38824-1

Dieses Buch bei GRIN:

http://www.grin.com/de/e-book/210535/it-governance-wissensschwerpunkte-und-
methoden-der-wissensvermittlung

GRIN - Your knowledge has value

Der GRIN Verlag publiziert seit 1998 wissenschaftliche Arbeiten von Studenten, Hochschullehrern und anderen Akademikern als eBook und gedrucktes Buch. Die Verlagswebsite www.grin.com ist die ideale Plattform zur Veröffentlichung von Hausarbeiten, Abschlussarbeiten, wissenschaftlichen Aufsätzen, Dissertationen und Fachbüchern.

Besuchen Sie uns im Internet:

http://www.grin.com/

http://www.facebook.com/grincom

http://www.twitter.com/grin_com

IT-Governance

Wissensschwerpunkte und Methoden der Wissensvermittlung an Führungskräfte

Modul: IMP01 - Integratives Master-Projekt

Daniel Simmank, Studiengang Wirtschaftsinformatik M.Sc.

Januar 2013

Inhaltsverzeichnis

Abbildungsverzeichnis

Anlagenverzeichnis

Abkürzungsverzeichnis

IT   Informationstechnik

ITGI   IT-Governance-Institute

1 Einleitung

Der starke Wettbewerb und die dynamischen Umweltbedingungen denen sich Unternehmen aktuell stellen müssen bewirken, dass die Unternehmen ihre Bemühungen, nachhaltig eine hohe Wirtschaftlichkeit sicherzustellen, immer weiter forcieren müssen. Den Unternehmen stehen hierzu diverse Mittel zur Verfügung, mit denen sie dieses Ziel erreichen können, wie z.b. eine möglichst günstige Ressourcenbeschaffung, Optimierung der unternehmerischen Prozesse oder eine Maximierung des Absatzes. All diesen Mitteln ist gemein, dass zu ihrer Umsetzung Informationen benötigt werden. Diese Erkenntnis ist nicht neu. In der betriebswirtschaftlichen Literatur wird die „Information" schon seit langem als Produktions- bzw. Erfolgsfaktor angesehen (vgl. Lehner, 2009, S. 9ff). Dennoch stellt es eine große Herausforderung für Unternehmen dar, sie in angemessener Form nutzbar zu machen. Dies liegt v.a. auch daran, dass je nach Unternehmensgröße und – zweck eine enorme Masse an Informationen aus den betrieblichen Prozessen entsteht.

Zur Nutzbarmachung der Information hat sich die IT schon seit geraumer Zeit als ein sehr wichtiges und mächtiges Instrument etabliert. Aus den meisten Unternehmen ist sie nicht mehr wegzudenken, da sie einen integralen Part in den Prozessen darstellt, welche den Unternehmen zur Wertschöpfung dienen. Somit kommt ihr also auch eine wichtige strategische Bedeutung zu, die aufgrund der oben beschriebenen Wettbewerbssituation immer mehr zunimmt. Dass diese Problemstellung nicht trivial und ein sehr aktuelles Thema ist, wird auch vom IT-Governance Institute (ITGI) verdeutlicht. „Der Einsatz von IT hat das Potential, der Haupttreiber für ökonomisches Wachstum im 21sten Jahrhundert zu werden" (ITGI, 2003, S. 15). Diese Einschätzung deckt sich auch mit den Erfahrungen des Autors. Der Einfluss der IT auf die Unternehmen stieg seit ihrer Einführung kontinuierlich an. Es ist nicht abzusehen, dass er in der nahen Zukunft stagniert.

Es stellt sich die Frage, wie die IT am effizientesten eingesetzt werden kann, um mit ihr eine möglichst hohe Steigerung der Wertschöpfung im Unternehmen erreichen zu können. Die Bemühungen, dies zu erreichen, werden unter dem Begriff IT-Governance zusammenge-fasst (vgl. Kapitel 2.1). Die IT-Governance ist jedoch nicht ausschließliche Aufgabe der IT-Verantwortlichen im Unternehmen. Auch die anderen Führungskräfte im Unternehmen müssen über IT-Kenntnisse verfügen, um ihre Anforderungen korrekt kommunizieren und Problemstellungen aus dem IT-Bereich verstehen zu können, um optimale Lösungen für eine erfolgreiche Strategieimplementierung zu finden und die richtigen Entscheidungen treffen zu können.

Zielstellung dieser Arbeit ist es aufzuzeigen, über welche IT-Kenntnisse aus dem Bereich der IT-Governance Führungskräfte verfügen müssen und wie Ihnen dieses Wissen vermittelt werden kann. Weiterhin soll die Frage beantwortet werden, wie die Führungskräfte über neue und relevante Entwicklungen fortlaufend informiert werden können, welche der Umsetzung der Unternehmensstrategie dienlich sein können.

Um diese Zielstellung zu erreichen wird in Kapitel 2 zunächst geklärt, wie der Begriff IT-Governance definiert ist und was im Kontext dieser Arbeit unter dem Begriff Führungskraft verstanden wird, um den Geltungsbereich für diese Arbeit festzulegen. Nachfolgend werden in Kapitel 3 zunächst die Wissensschwerpunkte der IT-Governance vorgestellt. Anschließend wird ermittelt, welche Methoden zur Wissensvermittlung existieren und es wird geprüft, welche dieser Methoden sich zur Vermittlung des IT-Wissens an Führungskräfte eignen. Weiterhin wird eine Methode vorgestellt, welche dazu dient, das IT-Wissen von Führungskräften stets auf dem aktuellsten Stand zu halten. Abschließend werden in Kapitel 4 die wesentlichen Aspekte dieser Arbeit zusammengefasst und das angewandte Vorgehen wird kritisch gewürdigt.

2 Grundlagen

2.1 IT-Governance – Definition und Zielstellung

Für den Begriff der IT-Governance gibt es diverse Definitionen. Die Folgende spiegelt den Charakter der IT-Governance sehr gut wider: „We define IT-Governance as the framework for the leadership, organizational structures and business processes, standards and compliance to these standards, which ensures that the organization's information systems support and enable the achievement of its strategies and objectives" (Calder & Watkins, 2008, S. 3f). Es handelt sich um eine Methodik, welche die Unternehmen bei der Harmonisierung der Unternehmens- und IT-Strategie unterstützt. Aus dieser Definition lässt sich weiterhin ableiten, dass die IT-Governance besonders dann wichtig ist, wenn der Einsatz der IT die Umsetzung der Unternehmensstrategie überhaupt erst ermöglicht. Ein kleiner Handwerksbetrieb kann z.B. völlig ohne IT auskommen, während ein großer Softwareentwickler zwingend IT-Systeme benötigt. Auch hier wird deutlich, dass der

Einfluss der IT auf die Wertschöpfung beachtet werden muss. Das Hauptziel der IT-Governance, die Wertschöpfung des Unternehmens zu optimieren wird in der Literatur häufig auf die, in Abbildung 1 dargestellten, Modalziele aufgeteilt.

Ziele der IT-Governance

Strategische Ausrichtung	Nutzen-generierung	Risiko-management	Management von Ressourcen	Regelmäßige Performance-kontrolle
Abstimmung der Unternehmens-strategie mit der IT-Strategie	Optimierung von IT-Ausgaben und Steigern des IT-Nutzens	Absicherung von IT Assets und Informationen sowie deren Wieder-herstellung nach Katastrophen	Optimierung von Wissen und Infrastruktur	Überwachung der IT Services

Abbildung 1 - Ziele der IT-Governance (in Anlehnung an ITGI, 2003, S. 28f)

Es wird eine Vielzahl von unterschiedlichen Aktivitäten benötigt, um die Wertschöpfung des Unternehmens zu optimieren. In der Anlage 1 werden die verschiedenen Aktivitäten welche zur Erreichung der Ziele benötigt werden, dargestellt. Die Ziele werden im Allgemeinen erreicht, indem die IT-Governance die Verteilung von Regeln und Pflichten unter den unterschiedlichen Teilnehmern (Aufsichtsräten / Geschäfts- und IT-Managern, etc.) festlegt und bestimmt, wie Entscheidungen hinsichtlich der IT getroffen werden (vgl. Goltsche, 2006, S. 6). Goltsche betont in seinen Ausführungen, dass die IT-Governance also nicht nur Aufgabe der IT-Manager ist, sondern auch der anderen Führungskräfte im Unternehmen. Diese Forderung ist äußerst sinnvoll, da ohne eine ausreichende Harmonisierung der Unternehmens- und IT-Strategie die Gefahr besteht, dass die IT eher eine Last ist, als dass sie dem Unternehmen einen Nutzen bringt. Dies kann z.B. passieren, wenn die Prozesse im Unternehmen nicht korrekt von der IT unterstützt werden, aber durch die Nutzung der IT ein erhöhter Personalaufwand (z.B. für die Dokumentation) entsteht. In der Praxis gibt es genug Beispiele für eine schlechte Harmonisierung der beiden Strategien. Sie aufzuzählen, würde den Rahmen dieser Arbeit sprengen. Wichtig ist jedoch die Erkenntnis, dass eine schlechte Harmonisierung schlecht für das Unternehmen ist.

Wie in Kapitel 2.1 beschrieben, ist die IT-Governance Aufgabe aller Führungskräfte im Unternehmen. Unter einer Führungskraft wird im Rahmen dieser Arbeit eine Person verstanden, welche Managementtätigkeiten im Unternehmen wahrnimmt. Diese Tätigkeiten bestehen hierbei aus den drei Teilbereichen:

- **Planung** - Problem- und Aufgabendefinition, Zielsetzung, Alternativenplanung und Entscheidung
- **Realisierung** - Organisation, Information, Kommunikation, Motivation der Mitarbeiter und deren Koordination
- **Kontrolle** - Rückmeldung, Soll- / Ist-Vergleich für die weitere Planung und Steuerung (vgl. Gabler Wirtschaftslexikon, 2012)

Die Führung findet in allen Unternehmensbereichen statt und ist mit viel Verantwortung verbunden. Sie ist jedoch keine einmalige Aufgabe, sondern muss permanent erfolgen. Aufgrund dessen stehen Führungskräfte i.d.R. unter einem hohen Erfolgsdruck und haben somit wenig Zeit für die Erfüllung ihrer Aufgaben. Dies führt häufig dazu, dass Chancen und Risiken übersehen werden, da die Führungskräfte keine Zeit haben, sich ausgiebig über bestimmte Sachverhalte zu informieren. Weiterhin benötigen sie zur Wahrnehmung dieser Aufgaben ein hohes Ansehen unter ihren Mitarbeitern, weswegen es für sie besonders wichtig ist, kompetent aufzutreten.

Um die Entscheidungen nicht auf wenige Personen zu verteilen sind die meisten Unternehmen hierarchisch organisiert, wobei je nach Unternehmensgröße mehrere Hierarchieebenen innerhalb der Aufbauorganisation vorhanden sind. Diese Differenzierung wird getroffen, da die Aufgabenstellungen der einzelnen Hierarchieebenen stark voneinander abweichen. In der Regel werden die drei Ebenen Lower-Management, Middle-Management und Top-Management unterschieden. Das Top-Management ist hierbei die Unternehmensführung, während das Lower-Management z.B. Abteilungsleiter sind. Das Middle-Management stellt das Bindeglied zwischen Top- und Lower-Management dar (z.B. Werksleiter). Die Managementebenen werden mit ihren Aufgabengebieten in der Abbildung 2 dargestellt.

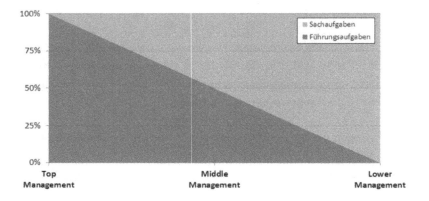

Abbildung 2 - Aufgaben der Managementebenen (In Anlehnung an Becker, 2006, S. 203f)

Wie der Abbildung zu entnehmen ist, sinkt der relative Anteil der Führungsaufgaben mit abnehmender Managementebene, während der relative Anteil der Sachaufgaben steigt. Hieraus ergeben sich zwei Probleme im Hinblick auf die IT-Governance:

- Das Top-Management ist weit von den eigentlichen Prozessen entfernt und hat somit u.U. keinen direkten Einblick, wie die Prozesse in der Praxis umgesetzt werden. Aufgrund dessen kann schlecht eingeschätzt werden, welche Rolle die IT im Prozessablauf spielt. Dennoch trifft das Top-Management strategische Entscheidungen.

- Das Lower-Management ist nicht in alle strategischen Entscheidungen involviert und bekommt diese nur von den oberen Instanzen diktiert. Es hat zwar aufgrund seiner höheren Prozessnähe einen besseren Einblick in die Prozesse und den damit verbundenen Einfluss der IT, kann aber nicht über den IT-Einsatz bestimmen.

Aus diesen Überlegungen wird die Bedeutung des Middle-Managements ersichtlich. Es fungiert als Bindeglied zwischen dem Top- und dem Lower-Management und muss entsprechend eine umfangreiche Kommunikation zwischen diesen Instanzen gewährleisten. So müssen einerseits die Unternehmensstrategie und andererseits die Anforderungen aus den operativen Bereichen in der korrekten Granularität kommuniziert werden.

3 Vermittlung von IT-Governance-Wissen an Führungskräfte

3.1 Wissensschwerpunkte

Wie in Kapitel 2.1 beschrieben, verfolgt die IT-Governance diverse Ziele. Jedes dieser Ziele wird durch den Einsatz anderer Aktivitäten erreicht, welche in der Anlage 1 dargestellt wurden. Anhand dieser Aktivitäten wurde ermittelt, über welche IT-Kenntnisse Führungskräfte verfügen sollten, um Entscheidungen im IT-Governance-Kontext korrekt treffen zu können. Das Ergebnis dieser Untersuchung wird in der Anlage 2 dargestellt. Die einzelnen Aspekte wurden hierbei jeweils wieder den Zielen zugeordnet, zu deren Erfüllung sie dienen sollen. Im Laufe der Untersuchung haben sich zwei maßgebliche Arten von IT-Governance-Wissen gezeigt. Einerseits müssen die Führungskräfte über unternehmensunabhängiges Fachwissen verfügen, andererseits müssen Sie aber auch über unternehmensspezifische Fakten unterrichtet werden. In der Anlage 2 wurde daher bei jedem Aspekt markiert, ob es sich um Fach- oder Faktenwissen handelt.

Eine große Herausforderung, welche an dieser Stelle nicht bewältigt werden kann, ist die Frage, in welcher Granularität das Wissen vermittelt werden muss. Es ist z.B. nach Meinung des Autors nicht zweckmäßig, dem Geschäftsführer eines Unternehmens die verschiedenen Algorithmen zur Verschlüsselung von Nachrichten detailliert zu erläutern. Dennoch sollte er wissen, welcher Zweck mit der Verschlüsselung verfolgt wird und wie sich dies auf die Prozesse des Unternehmens auswirkt. Eine pauschale Aussage kann nicht unbedingt getroffen werden, da die Granularität der Wissensvermittlung je nach Bedeutung eines einzelnen Aspektes variieren kann. Ist z.B. eine hohe Verfügbarkeit der IT-Systeme für das Unternehmen von besonderer Bedeutung, so muss auch hier eine tiefere Wissensvermittlung erfolgen. Andererseits können gewisse Schwerpunkte auch vollkommen bedeutungslos für ein konkretes Unternehmen sein, wie z.B. die Verwendung des Internets als Absatzkanal für ein Krankenhaus. In diesem Fall sollte die Vermittlung dieses Wissens komplett vermieden werden.

Ein weiteres Problem besteht darin, dass sich die Relevanz der einzelnen Themenbereiche in den unterschiedlichen Managementebenen durchaus unterschiedlich darstellen kann, da die Aufgabenverteilung in den einzelnen Managementebenen auch vollkommen unterschiedlich ist (vgl. Kapitel 2.2). So ist für das Lower-Management prozessnahes Wissen (z.B. über Anwendungen und Anwendungsintegration) zumeist relevanter, als Wissen über das IT-Risikomanagement. Letzteres sollte für die Geschäftsführung jedoch einen hohen Stellenwert haben – v.a. dann, wenn die IT einen integralen Prozessbestandteil darstellt.

Die in Anlage 2 vorgestellten Schwerpunkte können aufgrund der genannten Probleme daher nur als grobe Richtlinie verwendet werden. Eine detailliertere Darstellung ist aus Sicht des Autors nicht zweckmäßig, da die nächste Detailstufe von den Unternehmen selbst festgelegt werden sollte. Die Relevanz der einzelnen Schwerpunkte wird zu stark von den Faktoren Unternehmensgröße, Unternehmenszweck, Grad der IT-Integration und der Prozessnähe der einzelnen Individuen bestimmt. Ein möglicher Prozess, mit dem ein Unternehmen die konkreten Inhalte zur Wissensvermittlung bestimmen kann, wird in der Abbildung 3 vorgestellt.

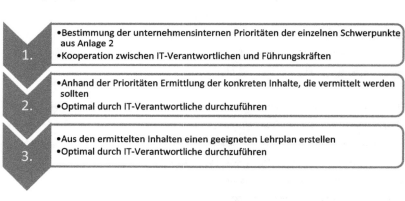

Abbildung 3 - Prozess zur Bestimmung von konkreten Wissensschwerpunkten

Um die konkreten Wissensschwerpunkte zu bestimmen, sollte zunächst sequentiell für die einzelnen Schwerpunkte, welche in Anlage 2 dargestellt wurden ermittelt werden, welche Priorität diese jeweils für ein Unternehmen haben (1.). Anschließend kann die Granularität erhöht werden um detailliertere Inhalte festzulegen, welche vermittelt werden müssen (2.). Hierbei sollten die Schwerpunkte mit der höchsten Priorität am detailliertesten dargestellt werden. Ziel der Detaillierung muss es sein, ausschließlich relevante Inhalte zu ermitteln. Es muss z.B. ermittelt werden, welche Technologien für das Unternehmen relevant sind, oder sein könnten. Wird die IT nur für die Buchhaltung eingesetzt, oder könnte auch eine rechnergestützte Produktion (CAM) in Frage kommen? Abschließend muss im letzten Schritt (3.) ein Lehrplan für die Inhalte erstellt werden. Hierbei sollte zunächst nur bestimmt werden in welcher Reihenfolge und mit welchen Methoden (vgl. Kapitel 3.2) die Inhalte vermittelt werden sollen. Wichtig ist hierbei, dass bei der Festlegung der Reihenfolge ggf. Abhängigkeiten berücksichtigt werden müssen.

An dieser Stelle wird auch die Bedeutung des IT-Verantwortlichen im Unternehmen deutlich. Da er bereits über ein umfangreiches IT-Wissen verfügen sollte, spielt er bei der Bestimmung der Inhalte und des Lehrplans eine wichtige Rolle. Sie sollten aufgrund dessen unbedingt in den Prozess mit einbezogen werden.

3.2 Methoden zur Wissensvermittlung an Führungskräfte

Für die Wissensvermittlung stehen sehr viele Methoden zur Verfügung. Nicht alle dieser Methoden sind jedoch geeignet, um Führungskräften IT-Governance-Wissen zu vermitteln. Holtbrügge klassifiziert die einzelnen Methoden zunächst danach, wann sie im Berufsleben eingesetzt werden können. Da das Ziel der Wissensvermittlung im vorliegenden Fall bereits eingestellte Führungskräfte sind, können nur solche Methoden angewandt werden, welche während bzw. neben der Arbeit durchgeführt werden können. Holtbrügge nennt hier diverse Methoden, welche in der Abbildung 4 dargestellt werden.

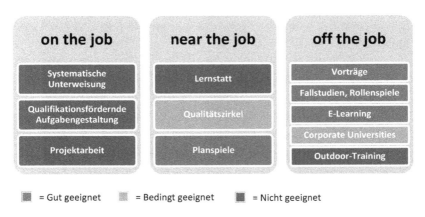

Abbildung 4 - Methoden der Wissensvermittlung (vgl. Holtbrügge, 2010, S. 128ff)

Wie in der Abbildung zu erkennen ist, sind nicht alle Methoden zur Vermittlung von IT-Governance-Wissen geeignet. Die Überlegungen, welche zur Bestimmung der Eignung geführt haben, können in der Anlage 3 nachverfolgt werden. In dieser werden die

Methoden beschrieben und es wird basierend auf ihren Vor- und Nachteilen eine begründete Einschätzung für ihre Eignung gegeben.

Eine wichtige Erkenntnis, welche bei der Evaluation der Methoden gemacht wurde, besteht darin, dass keine der vorgestellten Methoden als alleinige Methode zur Vermittlung von IT-Governance-Wissen geeignet ist, da alle Methoden starke Nachteile haben. Vielmehr sollte das Unternehmen einen geeigneten Mix aus diesen Methoden einsetzen um den Führungskräften das nötige Wissen zu vermitteln. Wie dieser Mix konkret aussehen sollte, kann an dieser Stelle nicht konkret vorgeschlagen werden, da dies sehr stark von dem „Lehrplan" abhängt, den ein Unternehmen entwickelt hat. Prinzipiell lässt sich jedoch sagen, dass die Unternehmen den Fokus auf das E-Learning setzen und die anderen Methoden als Unterstützung nehmen sollten. Wie in Kapitel 2.2 ermittelt wurde, stehen Führungskräfte häufig unter Zeitdruck, weswegen die Zeit- und Raum-Unabhängigkeit des E-Learning besonders vorteilhaft für die Wissensvermittlung an Führungskräfte sind. Dennoch ist diese Technik aufgrund der genannten Nachteile mit Vorsicht zu genießen. Weiterhin muss beachtet werden, dass die Vermittlung von unternehmensspezifischem Faktenwissen nur durch Methoden erfolgen kann, die von den Mitarbeitern des Unternehmens selbst durchgeführt werden (z.B. muss die IT eine Übersicht über die Daten erstellen, welche im Unternehmen existieren – diese kann über das E-Learning Portal kommuniziert werden).

3.3 Gewährleistung der Aktualität

Wie eingangs bereits erwähnt, befinden sich die Unternehmen in einer starken, dynamischen Wettbewerbssituation. Dies führt dazu, dass in einigen Branchen der Einsatz der modernsten Technologien nötig ist, um im Wettbewerb bestehen zu können. Des Weiteren entstehen durch neue Entwicklungen im IT-Bereich fortlaufend Möglichkeiten zur Optimierung, welche branchenübergreifend eingesetzt werden können. Aufgrund dessen ist es notwendig, die Wissensvermittlung im Unternehmen nicht nur einmalig durchzuführen, sondern die Führungskräfte fortlaufend auf dem aktuellsten Stand zu halten. Dies hat weiterhin den Vorteil, dass dadurch das Wissen, welches den Führungskräften vermittelt wurde, nicht so schnell verloren geht, da durch die periodische Beschäftigung mit der IT-Governance das Wissen wieder in Erinnerung gerufen wird.

Ein mögliches Verfahren zur fortlaufenden Wissensvermittlung von IT-Governance Wissen wird in der Abbildung 5 dargestellt.

Abbildung 5 - Zyklus zur fortlaufenden Vermittlung relevanten IT-Governance-Wissens

Wie in der Abbildung dargestellt, müssen zunächst fortlaufend neue Entwicklungen im IT-Bereich verfolgt werden (1.). Dies kann z.B. geschehen, indem die IT-Fachkräfte des Unternehmens fortlaufend in geeigneten Fachzeitschriften recherchieren. Anschließend muss geprüft werden, inwiefern die Entwicklungen relevant sind (2.). Dies sollte Aufgabe der IT-Verantwortlichen im Unternehmen sein und ist wichtig, da ein Informationsüberfluss bei den Führungskräften vermieden werden muss. Sind die Entwicklungen relevant, müssen sie in den unternehmensinternen Lehrplan aufgenommen werden (3. - vgl. Kapitel 3.1). Dies hat den Vorteil, dass auch neue Führungskräfte das entsprechende Wissen vermittelt bekommen und nicht auf dem alten Stand sind. Sollte durch die Aufnahme eines neuen Schwerpunktes in den Lehrplan ein anderer Schwerpunkt obsolet werden, so ist dieser aus dem Lehrplan zu entfernen. Abschließend muss den bereits eingestellten Führungskräften im Unternehmen das neue Wissen vermittelt werden. Es müssen z.B. neue Inhalte in das E-Learning-Portal des Unternehmens aufgenommen werden oder neue Vorträge gebucht werden. Es bietet sich an, mit einer Checkliste zu arbeiten, um den Überblick zu behalten, welche Führungskraft welchen Wissensschwerpunkt bereits vermittelt bekommen hat.

4   Zusammenfassung und kritische Würdigung

Die Unterstützung der unternehmerischen Prozesse durch den Einsatz von IT ist aus den meisten Unternehmen nicht mehr wegzudenken. Für viele Unternehmen stellt die IT eine wichtige Voraussetzung dar, um die Prozesse überhaupt ausführen zu können. Andere Unternehmen nutzen sie zumindest, um mit dem Wettbewerb durch möglichst optimierte Prozesse mithalten zu können. Daher ist die IT-Governance - eine Sammlung von Methoden zur effizienten Harmonisierung von Unternehmens- und IT-Strategie - ein komplexes, aktuelles und wichtiges Thema für viele Unternehmen. Die Relevanz der Thematik hängt hierbei jedoch stark vom Einfluss der IT auf die Wertschöpfung ab.

Es wurde festgestellt, dass die Umsetzung der   IT-Governance die Aufgabe aller Führungskräfte im Unternehmen ist. Dies ist jedoch eine große Herausforderung, da die meisten Führungskräfte über wenig IT-Wissen verfügen und wenig Zeit haben, sich mit dieser Thematik zu beschäftigen. Weiterhin wurde festgestellt, dass auf den unterschiedlichen Hierarchieebenen im Unternehmen sehr heterogene Aufgabengebiete existieren, weswegen die Kommunikation von strategischen Anforderungen, bzw. Anforderungen an die IT-Systeme stark erschwert wird.

Bei der Bearbeitung der Grundlagen wurde eine Liste von Aktivitäten erstellt, welche zur Erreichung der IT-Governance-Ziele durchgeführt werden müssen (vgl. Anlage 1). Basierend auf diesen Aktivitäten wurden die Wissensschwerpunkte der IT-Governance klassifiziert und strukturiert (vgl. Anlage 2). Es fiel auf, dass eine detaillierte Auflistung der Schwerpunkte nicht möglich, bzw. zweckmäßig ist, da die Schwerpunkte in der höchsten Granularität zu stark von diversen Parametern abhängen, wie z.B. dem Unternehmenszweck oder der Unternehmensgröße. Daher können die in Anlage 2 vorgestellten Schwerpunkte nur als grobe Vorschlags- bzw. Checkliste verwendet werden. Die konkreten Inhalte der Schwerpunkte muss jedes Unternehmen für sich selbst festlegen.

Anschließend wurden in der Anlage 3 diverse Methoden zur Wissensvermittlung an Berufstätige vorgestellt. Nicht alle der vorgestellten Methoden sind zur Vermittlung von IT-Governance-Wissen geeignet. Weiterhin wurde erkannt, dass keine der Methoden als alleinige Methode zur Wissensvermittlung geeignet ist. Zwar ist das E-Learning als sehr nützlich anzusehen, da es aufgrund seiner Raum- und Zeitunabhängigkeit sehr gut für Führungskräfte geeignet ist, aber auch das E-Learning hat sehr viele Nachteile. Aufgrund dessen wird vorgeschlagen, das E-Learning zumindest mit anderen Methoden, wie z.B. Plan- und Rollenspielen, Fallstudien oder herkömmlichen Vorträgen zu kombinieren.

Weiterhin wurde ein zyklischer Prozess zur fortlaufenden Bereitstellung von relevanten Informationen aus dem IT-Bereich vorgeschlagen, da sich aufgrund der hohen Umweltdynamik ständige Neuerungen in der IT ergeben. Dies ist wichtig für die Führungskräfte, da diese bei der Strategieentwicklung berücksichtigt werden müssen.

Als kritisch an dieser Arbeit ist anzusehen, dass hauptsächlich auf theoretisches Wissen zurückgegriffen werden musste. Es konnte nur ein mögliches Modell zur Klassifikation von IT-Governance-Wissen identifiziert werden. Auch die Methoden zur Wissensvermittlung konnten nur theoretisch auf ihre Nützlichkeit hin überprüft werden. Aus zeitlichen Gründen war es nicht möglich, das vorgeschlagene Modell und die Methoden der Wissensvermittlung empirisch zu untersuchen. Dies wäre nach Meinung des Autors ein lohnenswertes Thema für eine ausführlichere wissenschaftliche Arbeit.

Ein weiteres Problem besteht aktuell darin, dass keine akzeptable Methodik zur Quantifizierung des Einflusses der IT auf die Wertschöpfung existiert. Dies erschwert die Einschätzung der Relevanz einzelner Aspekte enorm (wie z.B. dem Risikomanagement). Hierbei handelt es sich um ein umfangreich diskutiertes Problem der Wirtschaftsinformatik, welches ebenfalls ein lohnenswertes Thema für eine weitere wissenschaftliche Arbeit sein sollte.

Anlagen

Anlage 1 - Aufgaben zur Erreichung der IT-Governance-Ziele (in Anlehnung an ITGI, 2003, S. 55ff)

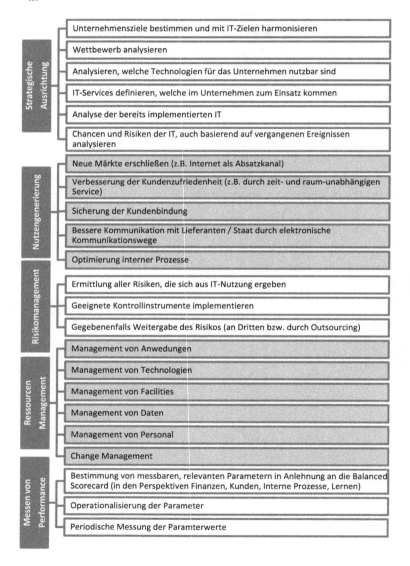

Strategische Ausrichtung
- Unternehmensziele bestimmen und mit IT-Zielen harmonisieren
- Wettbewerb analysieren
- Analysieren, welche Technologien für das Unternehmen nutzbar sind
- IT-Services definieren, welche im Unternehmen zum Einsatz kommen
- Analyse der bereits implementierten IT
- Chancen und Risiken der IT, auch basierend auf vergangenen Ereignissen analysieren

Nutzengenerierung
- Neue Märkte erschließen (z.B. Internet als Absatzkanal)
- Verbesserung der Kundenzufriedenheit (z.B. durch zeit- und raum-unabhängigen Service)
- Sicherung der Kundenbindung
- Bessere Kommunikation mit Lieferanten / Staat durch elektronische Kommunikationswege
- Optimierung interner Prozesse

Risikomanagement
- Ermittlung aller Risiken, die sich aus IT-Nutzung ergeben
- Geeignete Kontrollinstrumente implementieren
- Gegebenenfalls Weitergabe des Risikos (an Dritten bzw. durch Outsourcing)

Ressourcen Management
- Management von Anwedungen
- Management von Technologien
- Management von Facilities
- Management von Daten
- Management von Personal
- Change Management

Messen von Performance
- Bestimmung von messbaren, relevanten Parametern in Anlehnung an die Balanced Scorecard (in den Perspektiven Finanzen, Kunden, Interne Prozesse, Lernen)
- Operationalisierung der Parameter
- Periodische Messung der Paramterwerte

Anlage 2 - IT-Governance Wissensschwerpunkte (in Anlehnung an ITGI, 2003, S. 55ff)

		Fach-wissen	Fakten-wissen
Strategische Ausrichtung	◊ Methodik zur Harmonisierung der Unternehmens- mit der IT-Strategie	X	
	◊ Eingesetzte Technologien der Wettbewerber		X
	◊ Arten von IT-Services		
	o Unternehmensinterne Dienste (z.B. Hard- und Softwaremanagement)		X
	o Unternehmensexterne Dienste (z.B. SAAS)	X	
	◊ Stärken- und Schwächen der IT		X
Nutzen-generierung	◊ Nutzbarmachung des Absatzkanals Internet	X	
	◊ Möglichkeiten zur IT-gestützten Optimierung der Kundenzufriedenheit	X	
	◊ Methoden zur Kundenbindung (CRM-Systeme)	X	
	◊ Vor- / Nachteile von B2A, B2B und B2C-Kommunikation	X	
	◊ Möglichkeiten zur Prozessoptimierung (Anwendungsintegration -> Vermeidung Medienbrüche)	X	
Risikomanagement	◊ Sicherheitsaspekte und Methoden zur Sicherstellung		
	o Ausfallsicherheit von Computersystemen	X	
	o Manipulationssicherheit von Computersystemen	X	
	o Netzwerksicherheit	X	
	o Datensicherheit (Backups)	X	
	o Datenschutz (Schutz von personenbezogenen und sensiblen Daten vor unbefugtem Zugriff)	X	
	◊ Methoden zum Risikoassesment	X	
	◊ Möglichkeiten zum Risikotransfer durch IT-Outsourcing (Vor- und Nachteile)	X	
Ressourcen	◊ Anwendungen		
	o Grundlagen zu allgemeinen Anwendungstypen (System-, Anwendungssoftware, etc.)	X	
	o Vor- & Nachteile von Standard- / Individualsoftware	X	
	o Möglichkeiten der Integration (ERP, Interfaces, etc.)	X	
	◊ Technologien		
	o Grundlagen zu bereits eingesetzten Technologien	X	
	o Ausblick auf zukünftige Entwicklungen, die für Unternehmen relevant sind	X	
	◊ Facilities		
	o Grundlagen Hardware	X	
	o Grundlagen Kommunikationstechnologien	X	
	o Grundlagen sonstige IT-relevante Einrichtungen (Serverraum)	X	
	◊ Daten		
	o Klassifikation von Daten (strukturiert / unstrukturiert)	X	
	o Überblick über Daten, die im Unternehmen existieren		X
	◊ Personal - Aufgabenverteilung unter den IT-Mitarbeitern	X	
	◊ Change Management - Ablauf des Changeprozesses	X	X
Messen von Performance	◊ Methodik zur Performancemessung (Balanced Scorecard)	X	
	◊ Parameter zur Perfomancemessung		
	o Grundlegende Klassifikation (Entlang der Balanced-Scorecard-Perspektiven)	X	
	o Unternehmensinterne Parameter		X
	◊ Möglichkeiten zur Operationalisierung der Parameter	X	

Anlage 3 - Methoden der Wissensvermittlung (vgl. Holtbrügge, 2010, S. 126ff)

	Vorteile	Nachteile	Geeignet für Vermittlung von IT-Governance Wissen?
Systematische Unterweisung Der Unterweisende führt die zu verrichtenden Tätigkeiten vor und erläutert diese - Anschließend führt der Mitarbeiter die Tätigkeit selber aus	+ "Learning by Doing" in der Praxis sehr effektiv + Wissen wird nah an den Unternehmensprozessen vermittelt	- Beschränkt sich auf unternehmensinternes Wissen. Kein "Blick über den Tellerrand" - Eignet sich nur, um eine bestimmte Tätigkeit zu demonstrieren - Zur Vermittlung von Fachwissen eher ungeeignet	Nein, da die Methode eher zur Vermittlung von tätigkeitsbezogenem Wissen geeignet ist.
Qualifikationsfördernde Aufgabengestaltung Erweiterung des Handlungs- und Entscheidungsspielraums durch die schrittweise und systematische Hinzufügung neuartiger und teilweise höherwertiger Arbeitsaufgaben	+ "Learning by Doing" in der Praxis sehr effektiv + Wissen wird nah an den Unternehmensprozessen vermittelt	- Beschränkt sich auf unternehmensinternes Wissen. Kein "Blick über den Tellerrand" - Eignet sich nur, um eine bestimmte Tätigkeit zu demonstrieren - Zur Vermittlung von Fachwissen eher ungeeignet	Nein, da die Methode eher zur Vermittlung von tätigkeitsbezogenem Wissen geeignet ist.
Projektarbeit Mitarbeiter erarbeiten in einer Gruppe ein Projekt	+ Vermittlung an Gruppen, nicht an Individuen + Ermöglicht sehr guten Einblick in einen bestimmten Prozess + Dient hauptsächlich der Vermittlung von Soft-Skills	- Beschränkt sich auf unternehmensinternes Wissen. Kein "Blick über den Tellerrand" - Im Rahmen von Projekten wird meist eine eigene Projekthierarchie geschaffen. Führungskräfte müssen hierbei ggf. mit anderen Mitarbeitern gleichgestellt werden - Sehr punktuelle Wissensvermittlung, die weniger auf Fachwissen abzielt	Nein, da die Methode eher zur Vermittlung von Soft-Skills dient. Die Vermittlung von Fachwissen steht eher im Hintergrund.
Lernstatt Zusammengesetztes Kunstwort aus "Lernen" und "Werkstatt" - Wissen wird in einer Werkstatt vermittelt	+ "Learning by Doing" in der Praxis sehr effektiv + Gut geeignet, um Fähigkeitenwissen zu vermitteln	- Zur Vermittlung von Fachwissen aus dem Bereich IT-Governance ungeeignet	Nein, da die Methode eher zur Vermittlung von Tätigkeitsbezogenem Wissen geeignet ist.
Qualitätszirkel Übertragung von Wissen zwischen Abteilungen	+ Steigert Kommunikation und abteilungsübergreifendes Prozessdenken + Kommunikation zwischen verschiedenen Hierarchieebenen möglich + kann auch organisatorische Vorteile bringen	- Nicht unbedingt für die Vermittlung von Fachwissen geeignet	Bedingt geeignet - zur Vermittlung von prozessbezogenem Wissen, v.a. für das Middle- / Lower-Management.
Planspiele Simulation typischer Entscheidungssituationen in Unternehmen	+ Gut geeignet zur Vermittlung von praxisnahem Fachwissen + Kann, muss aber nicht auf spezifisches Unternehmen bezogen sein + Auswirkungen von Entscheidungen werden simuliert + Kann allein, oder in einer Gruppe durchgeführt werden	- Setzt Grundlagenwissen voraus - Entwicklung / Nutzung von Planspielen u.U. sehr zeit- / kostenintensiv - ggf. mehrere Teilnehmer benötigt	Gut geeignet zur Vermittlung von IT-Governance-Wissen. Führungskräfte können den Nutzwert von Entscheidungen evaluieren.
Vorträge specifische Lehrinhalte werden durch Fachexperten in komprimierter Form dargestellt	+ Klassische und bewährte Methode zur Wissensvermittlung + Können ggf. von hausinternen Experten durchgeführt werden + Breites Angebot von externen Experten	- Hohe Kosten, da Mitarbeiter lange gebunden werden + ggf. Kosten für externen Experten und Reisekosten - Punktuelle Wissensvermittlung	Gut geeignet, um Führungskräften bestimmte Inhalte darzulegen. Als alleiniges Verfahren jedoch nicht anzuraten, da es sehr teuer sein kann.
Fallstudien / Rollenspiele Darstellung einer fiktiven Unternehmenssituation, für das Lösungen gefunden und präsentiert werden müssen, ggf. mit Übernahme fiktiver, realitätsnaher Rollen (Rollenspiel)	+ Gut geeignet zur Vermittlung von praxisnahem Fachwissen + Kann, muss aber nicht auf spezifisches Unternehmen bezogen sein + Auswirkungen von Entscheidungen werden simuliert	- Setzt Grundlagenwissen voraus - Entwicklung / Nutzung von Planspielen u.U. sehr zeit- / kostenintensiv - Mehrere Teilnehmer benötigt - Führungskräfte haben ggf. Angst, sich durch ihre Unwissenheit zu blamieren und damit an Einfluss zu verlieren	Gut geeignet zur Vermittlung von IT-Governance-Wissen. Führungskräfte können den Nutzwert von Entscheidungen in einer Gruppe evaluieren.
E-Learning Wissensvermittlung erfolgt durch elektronische Medien, wie z.B. mutimediale und interaktive Anwendungen oder elektronische Dokumente	+ eignet sich gut zur Vermittlung von Grundlagen- und Spezialwissen + Zeit- und Raumunabhängigkeit + kann je nach Ausprägung gut an Unternehmen angepasst werden + Führungskräfte brauchen keine Angst haben, aufgrund von Unwissenheit Einfluss zu verlieren	- Fehlende persönliche Interaktion erschwert Lernen bei komplexen Zusammenhängen - U.U. ist keine Motivation gegeben - Je nach Ausprägung kostenintensiv - Erfordert gut strukturierte Wissensdisposition	Sehr gut geeignetes Verfahren, da es raum- und zeitunabhängig von den Führungskräften genutzt werden kann, und sie keine Angst haben müssen, sich u.U. vor anderen zu blamieren. Allerdings muss dieses Verfahren auch gut vorbereitet werden, um Probleme zu vermeiden.
Corporate Universities Schulungsmaßnahmen werden nicht isoliert angeboten, sondern werden systematisch in ein Curriculum eingebunden	+ Gut strukturierte Vermittlung von Wissen + Infrastruktur zur Wissensvermittlung bereits vorhanden + Erfahrungen im Bereich der Wissensvermittlung bereits vorhanden	- Bei häufigem Präsenzunterricht werden Führungskräfte sehr lange gebunden - Führungskräfte haben ggf. Angst, sich durch die Unwissenheit zu blamieren und damit an Einfluss zu verlieren	Sind sehr gut zur systematischen Wissensvermittlung geeignet, etwa durch Einführung eines IT-Governance-Curriculums, welches E-Learning einsetzt - Aber nur wenige große Unternehmen haben eine Corporate University.
Outdoor-Training Ausübung von Aktivitäten in einer Gruppe von Mitarbeitern, wie z.B. Natursportarten	+ Eignet sich gut zur Verstärkung des Teamgeistes unter den Mitarbeitern	- Nicht zur Wissensvermittlung geeignet	Nein, da nicht für die Wissensvermittlung konzipiert.

Literaturverzeichnis

Becker, F. G. (2006). *Einführung in die Betriebswirtschaftslehre (1. Aufl.).*

Calder, A., & Watkins, S. (2008). *IT Governance (4. Aufl).*

Gabler Wirtschaftslexikon. (2012). Abgerufen am 7. Dezember 2012 von
http://wirtschaftslexikon.gabler.de/Archiv/55279/management-v8.html

Goltsche, W. (2006). *COBIT kompakt und verständlich (1. Aufl.).*

Holtbrügge, D. (2010). *Personalmanagement (4. Aufl.).*

ITGI. (2003). Abgerufen am 17. Dezember 2012 von
http://www.isaca.org/restricted/Documents/Boardbriefing_German.pdf

Lehner, F. (2009). *Wissensmanagement: Grundlagen, Methoden und technische
Unterstützung (3. Aufl.).*